BEI GRIN MACHT SICH IHR WISSEN BEZAHLT

- Wir veröffentlichen Ihre Hausarbeit, Bachelor- und Masterarbeit

- Ihr eigenes eBook und Buch - weltweit in allen wichtigen Shops

- Verdienen Sie an jedem Verkauf

Jetzt bei www.GRIN.com hochladen und kostenlos publizieren

Sebastian Chilcott

Hadoop: Technik, Einsatzbereiche, Geschichte

GRIN Verlag

Bibliografische Information der Deutschen Nationalbibliothek:

Die Deutsche Bibliothek verzeichnet diese Publikation in der Deutschen National-
bibliografie; detaillierte bibliografische Daten sind im Internet über http://dnb.d-
nb.de/ abrufbar.

Impressum:

Copyright © 2012 GRIN Verlag GmbH
Druck und Bindung: Books on Demand GmbH, Norderstedt Germany
ISBN: 978-3-656-43559-4

Dieses Buch bei GRIN:

http://www.grin.com/de/e-book/212469/hadoop-technik-einsatzbereiche-
geschichte

GRIN - Your knowledge has value

Der GRIN Verlag publiziert seit 1998 wissenschaftliche Arbeiten von Studenten, Hochschullehrern und anderen Akademikern als eBook und gedrucktes Buch. Die Verlagswebsite www.grin.com ist die ideale Plattform zur Veröffentlichung von Hausarbeiten, Abschlussarbeiten, wissenschaftlichen Aufsätzen, Dissertationen und Fachbüchern.

Besuchen Sie uns im Internet:

http://www.grin.com/

http://www.facebook.com/grincom

http://www.twitter.com/grin_com

Regionales Bildungszentrum Wirtschaft – Standort Ludwig-Erhard-Schule

Hadoop

Technik, Einsatzbereiche, Geschichte

Verfasser:	Sebastian Chilcott
Abgabetermin:	04. September 2012

Inhalt

1   Einleitung 2

2   Geschichte 2

3   Technik 3

  3.1   Google File System 3

  3.2   Hadoop Distributed File System 5

  3.3   MapReduce 5

  3.4   Hadoop 6

4   Einsatzbereiche 7

  4.1   Suchmaschinen 7

    4.1.1   Yahoo 7

    4.1.2   Google 7

  4.2   Big Data 8

    4.2.1   Facebook 8

    4.2.2   eBay 8

  4.3   Cloud-Dienste 8

    4.3.1   Amazon 8

    4.3.2   IBM 8

  4.4   Hadoop und Microsoft 9

5   Zusammenfassung 9

I.   Quellen I

II.   Abbildungen II

III. Erklärung II

1 Einleitung

Die Entwicklung von Computersystemen war und ist stets eng mit den Datenmengen verbunden, die auf diesen gespeichert und ausgewertet werden können. Eine anhaltend steigende Speicherkapazität dieser Systeme sorgt dafür, dass einerseits mehr Daten gespeichert werden müssen und somit auch die Kosten für eben diese steigen. Andererseits entstehen so auch deutlich mehr Daten, die ausgewertet werden können. Gerade diese Daten bilden eine Grundlage für heutige analytische Prozesse, wie sie untere anderem in den Bereichen Marketing und Werbung benötigt werden. Dieses sogenannte Data Mining [1], bei dem aus einer riesigen Menge von Daten, die entscheidenden Daten herausgefiltert werden, stellt für die moderne Wirtschaft einen überaus wichtigen Faktor bei der täglichen Arbeit dar.

Die weltweit agierenden Unternehmen der IT-Branche Google, Amazon oder IBM sind stellvertretend als die Firmen zu nennen, die auf diesen großen Daten ihren Erfolg begründen. Im Allgemeinen werden diese großen Datenmengen, aus denen sich die wichtigen Informationen extrahieren lassen, mit dem Begriff Big Data [2] zusammengefasst.

Mit wachsender Größe von eben dieser Big Data wird es umso aufwendiger und ebenso kostspieliger diese Daten einerseits bereit zu stellen, aber was noch viel wichtiger ist, diese Daten zu durchsuchen. Mit immer größeren Datenmengen steigen auch die Laufzeiten für Programme, die eben diese Daten nach den gesuchten Informationen durchsuchen.

Inspiriert von diesem Zustand hat Doug Cutting seine Idee umgesetzt, statt einem leistungsstarken Rechner, mehrere günstigere Computer zu einem Verbund zusammenzuschließen und somit die Kosten für das Data Mining drastisch zu reduzieren.

Die ersten Schritte von Hadoop waren getan und sollten somit den Grundstein für ein überaus erfolgreiches und vor allem zukunftsrelevantes OpenSource-Projekt bilden.

Im heutigen Leben sind Hadoop und die aus dem Projekt entstandenen Zweige nicht mehr wegzudenken. Die größten Webseiten wären ohne die Cluster-Technologie, also eben dieses zusammenschalten von Rechenkapazitäten, nicht so erfolgreich, wie sie heute sind. Neben Facebook, Amazon oder eBay setzen auch wie bereits erwähnt Firmen mit längerer IT-Historie wie IBM oder Microsoft auf verteilte Rechenleistung basierend auf Hadoop.

2 Geschichte

Seinen Ursprung hat Hadoop im Jahr 2004, als Doug Cutting und Mike Cafarella bei dem gemeinsamen Projekt Nutch auf der Suche nach einer möglichst preiswerten Möglichkeit waren, um eine große Anzahl von Webseiten zu indizieren. Cutting und Cafarella wollten mit Nutch eine OpenSource Suchmaschine schaffen, die als Alternative zu den großen Anbietern wie Google oder Yahoo dienen sollte.

Gerade Google diente den beiden Entwicklern zu diesem Zeitpunkt als wichtiger Ideenlieferant, da vom Suchmaschinenriesen passenderweise zu diesem Zeitpunkt Unterlagen zu zwei Technologien veröffentlicht wurden, die die Grundlage für den Erfolg von Hadoop bilden sollte.

Einerseits interessierte man sich für das auf Linux basierende Google File System (GFS) [3], das für die eigene Suchmaschinensoftware entwickelt wurde und Daten in teilweise mehreren Gigabyte großen Dateien speichert.

Den zweiten Baustein für Hadoop bildet der ebenfalls von Google entwickelte Suchalgorithmus MapReduce [4], der es ermöglicht, sehr große Datenmengen äußerst effizient und in verhältnismäßig geringer Zeit nach gegebenen Schlüsseln zu durchsuchen.

Bereits nach sehr kurzer Zeit wurde Yahoo auf die Arbeit von Cutting und Cafarella aufmerksam und bot dem damals frei arbeitenden Softwareentwickler Doug Cutting eine Stelle im Unternehmen an und offerierte ihm die Möglichkeit, die Software Hadoop dort weiterzuentwickeln.

Nachdem im Jahr 2006 der erste Prototyp von Hadoop als funktional eingestuft werden konnte, entschloss man sich bei Yahoo Hadoop als Basis für die eigene Suchmaschine zu etablieren. Andere Firmen betrieben bereits Implementierungen, die Googles MapReduce ähnlich waren; der große Vorteil von MapReduce war jedoch die Einfachheit und im Zusammenspiel mit dem GFS auch die Kosteneffizienz. Im Januar 2008 wurde mit Yahoo Webmap die erste auf Hadoop basierende Applikation in den Produktivbetrieb übernommen. Webmap erstellt einen Index aller bekannten Webseiten und der dazugehörigen notwendigen Metadaten, um diese   zu durchsuchen.

Trotz der Tatsache, dass Cutting bei einem kommerziell ausgerichteten Unternehmen angeheuert hatte, blieb Hadoop stets OpenSource Software und so sind der Erfolg, den die Software mit sich brachte, und das weltweite Interesse, das Hadoop auf sich zog sehr einfach zu erklären.

Bereits im Frühjahr desselben Jahres veranstaltete Yahoo eine Entwicklerkonferenz in Kalifornien, zu der 350 interessierte Entwickler kamen und sich über die Möglichkeiten von Hadoop informierten und austauschten. Neben Yahoo nutzten auch schon Amazon und IBM die Möglichkeiten von Hadoop. Seit Januar 2008 ist Hadoop als Top-Level-Projekt der Apache Foundation eingestuft

Im darauf folgenden Jahres 2009 erschienen zu der erneut von Yahoo veranstalteten Konferenz knapp 700 Interessierte aus aller Welt und Firmen wie Facebook oder eBay verwendeten inzwischen auf Hadoop basierende Lösungen.

Bei Microsoft, die das Startup-Unternehmen Powerset übernommen hatten und sich so mit dem Hadoop Cluster von Powerset konfrontiert sahen, entschied man sich statt der OpenSource-Lösung auf eine proprietäre Lösung zu setzen. Diese Entscheidung wurde jedoch daraufhin wieder verworfen. Hadoop wird von Microsoft im Bereich der Cloud-Computing-Plattform Azure zum Einsatz kommen und dort für die Verarbeitung von Big Data eine entscheidende Rolle spielen.

Neben den großen Firmen der IT-Branche wird Hadoop, gerade wegen seiner Einfachheit bei der Implementierung, auch für kleinere Unternehmen, die sich mit Data Mining beschäftigen sehr interessant werden. [5] [6]

3   Technik

Wie bereits im vorherigen Kapitel zu der Geschichte von Hadoop erwähnt, bilden zwei Technologien von Google die Basis für Hadoop. Neben dem Google File System (GFS), das für die Speicherung der zu durchsuchenden Daten verantwortlich ist, wird MapReduce eingesetzt, welches das Durchsuchen von großen Datenmengen deutlich effizienter gestaltet.

3.1   Google File System

Das Google File System (GFS) wurde ursprünglich für die eigene Websuche von Google entwickelt, um die durch die Suchmaschine erfassten enormen Datenmengen zu speichern.

Die Daten werden hierbei in sehr großen, teilweise mehreren Gigabyte großen Dateien gespeichert, die sehr selten gelöscht, überschrieben oder verkleinert werden. Statt die vorhandenen Daten auf wenigen teuren Servern zu speichern, ist das Dateisystem so optimiert, dass es auf handelsüblichen PCs betrieben wird, die zu einem Clusternetzwerk zusammengeschlossen sind. Dies hat einerseits eine höhere Ausfallrate zur Folge, andererseits können ausgefallene Rechner der Clusters schnell und relativ kostengünstig ersetzt werden.

Dies zeigt auch den eigentlichen Vorteil des Google File Systems. Ein GFS-Cluster besteht aus einem Masterserver und bis zu tausenden Chunkservern, die jeweils nur kleine Teile der zu speichernden Dateien speichern. Diese kleinen Teile, sogenannte Chunks, die bis zu 64 Megabyte groß sind, werden mindestens drei Mal pro Cluster gespeichert. Somit wird auch bei der Verwendung der handelsüblichen Rechner und deren erhöhten Ausfallwahrscheinlichkeit im Vergleich zu teureren Servergeräten sichergestellt, dass keine Daten verloren gehen. Der Masterserver selber speichert keine Chunks, sondern speichert Metadaten, also die Informationen wo genau etwas im Cluster abgespeichert wurde.

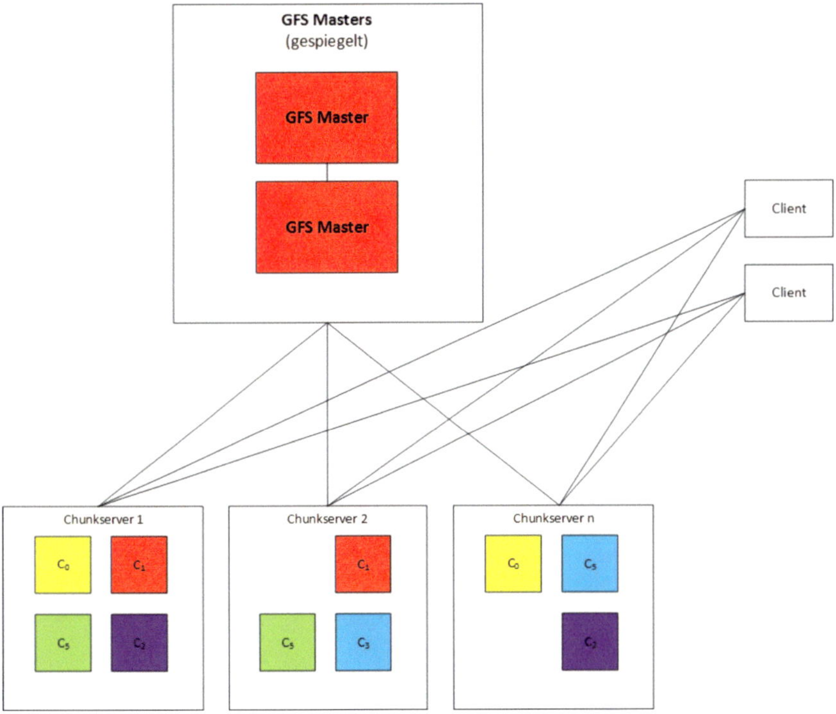

Abbildung 1: Schema Google File System

Grundsätzlich scheint der Masterserver hierbei eine Fehlerstelle zu bilden, die die Anpassbarkeit des gesamten Clusters minimiert und die Gefahr eines Ausfalls erhöht. Um diese beiden Negativpunkte bei der Implementierung zu eliminieren, werden sogenannte Schattenmaster verwendet, die zwar nur Leseanfragen abarbeiten, aber im Falle eines Ausfalls für den Master einspringen. [3]

3.2 Hadoop Distributed File System

Basierend auf der Technologie des Google File Systems wurde für Hadoop das Hadoop Distributed File System implementiert und weiterentwickelt. Es nutzt die Grundlagen des GFS, speichert ebenso Daten in großen Dateien ab und nutzt die verteilte Speicherung in Chunks auf mehreren Chunkservern, die wiederrum durch Masterserver koordiniert werden.

3.3 MapReduce

MapReduce ist ein Algorithmus, der es ermöglicht, Berechnungen für große Datenmengen auf Computerclustern durchzuführen. Hierfür werden zwei Elementare Funktionen genutzt, die Map-Funktion und die Reduce-Funktion.

Die Grundsätzliche Idee von MapReduce ist die Nutzung von verteilter Rechenleistung vieler preiswerter handelsüblicher Maschinen, statt des Einsatzes weniger teurer, dafür aber schnellerer Rechner.

Um eine Rechenoperation auf mehrere Rechner dieses MapReduce-Clusters zu verteilen, spaltet der Algorithmus mit der Map-Funktion zuerst die eingegebene Operation auf und verteilt diese anschließend auf die verschiedenen Rechner, die dem Cluster angeschlossen sind. Die Rechner führen die Operationen mit den Teildaten, die ihnen zugewiesen aus und übermitteln das Ergebnis daraufhin an die Reduce-Funktion, die dann die Ergebnisse zusammensetzt. Das Ergebnis des gesamten Vorgangs ist dasselbe, als wäre es von nur einem Rechner durchgeführt worden, lediglich mit dem Vorteil, dass dies deutlich schneller geschehen ist.

Anhand der folgenden Grafik lässt sie der Vorgang von MapReduce erklären.

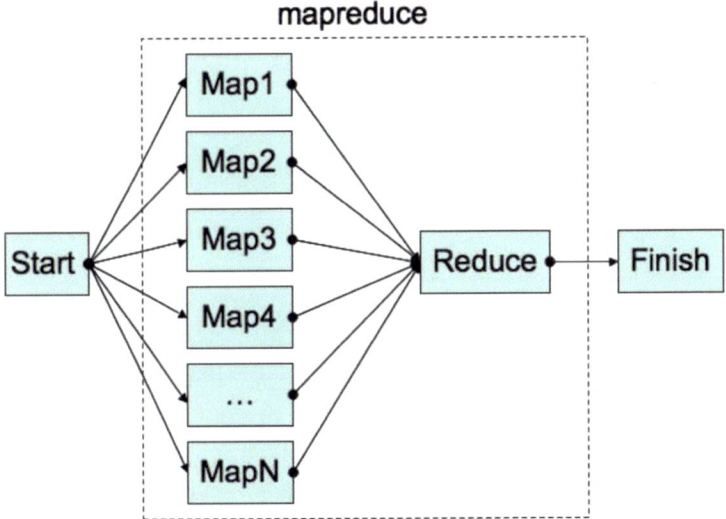

Abbildung 2: Prinzip des MapReduce Algorithmus (http://bit.ly/O9iLtG)

Am Start des Vorgangs steht beispielsweise eine Suchanfrage. Diese Suchanfrage enthält sehr viele Daten enthält, die von einer Datenbank abgefragt werden sollen.

Die Daten nach denen gesucht werden soll, werden mit der Map-Funktion aufgeteilt und an beliebig viele Rechner eines Clusters geschickt. Auf jedem einzelnen Rechner des Clusters wird die Operation ausgeführt, die einen Speicherort durchsucht. Das Ergebnis dieser Suche wird dann jeweils an die Reduce-Funktion weitergeleitet, die die einzelnen Ergebnisse zusammenfasst und ausgibt.

Der Vorteil von MapReduce liegt in der Geschwindigkeit, mit der gearbeitet werden kann. Ein Rechenauftrag kann in viele kleine Aufträge aufgeteilt werden und muss somit nicht in wenigen teuren leistungsstarken Rechner erfolgen. Dies erhöht zudem die Skalierbarkeit, da diesem Prinzip grundsätzlich keine Grenze gesetzt ist und kostengünstigere Computer eingesetzt werden können. [4] [7]

3.4   Hadoop

Die Kombination des Google File Systems bzw. des veränderten Hadoop Distributed File Systems und MapReduce stellt somit eine ideale Basis zum Speichern und Auslesen von sehr großen Datenmengen dar. Die großen Datenmengen werden auf verteilten Servern des HDFS gespeichert und MapReduce erlaubt schnelle und nebenläufige Interaktionen mit diesen Daten.

Ein denkbares theoretisches Beispiel für die Implementierung einer Hadoop-Umgebung wäre eine Websuchmaschine, deren Index das gesamte Internet umfasst. Suchmaschinen verwenden zum Durchsuchen diesen Index, der vorher von anderen Programmen erstellt wurde und durchsuchen diesen. Eine Suche über alle Internetseiten während der Suche auszuführen ist technisch nicht realisierbar.

Der vorhandene Index soll dementsprechend nach einer großen Menge von Daten durchsucht werden. Statt nun mit einem leistungsstarken Rechner eine Suchanfrage auf einer Datenbank auf nur einem Server durchzuführen, wird die Suchanfrage durch MapReduce auf mehrere kleinere Anfragen aufgeteilt, diese Anfragen werden durch den Masterserver des Hadoop Distributed File Systems koordiniert und auf die Chunkserver geleitet, die die entsprechenden Informationen enthalten. Nach erfolgreicher Suche werden die Ergebnisse nun an MapReduce zurückgegeben, wo die Reduce-Funktion die einzelnen Teile zu einem Gesamtergebnis zusammenfasst.

Neben der enormen Skalierbarkeit, die ein solcher Hadoop-Cluster bietet, stechen besonders der Geschwindigkeitsvorteil, sowie die Kosteneffizienz und Ausfallsicherheit im Vordergrund.

So ist es nicht weiter verwunderlich, dass Hadoop Einzug in das Alltagsleben gefunden hat. Neben kleineren Implementierungen in einzelnen Firmen, nutzen inzwischen viele große Unternehmen, vornehmlich Firmen deren Hauptaugenmerk auf Kundendaten liegen, die Technik von Hadoop. [8] [9] [10]

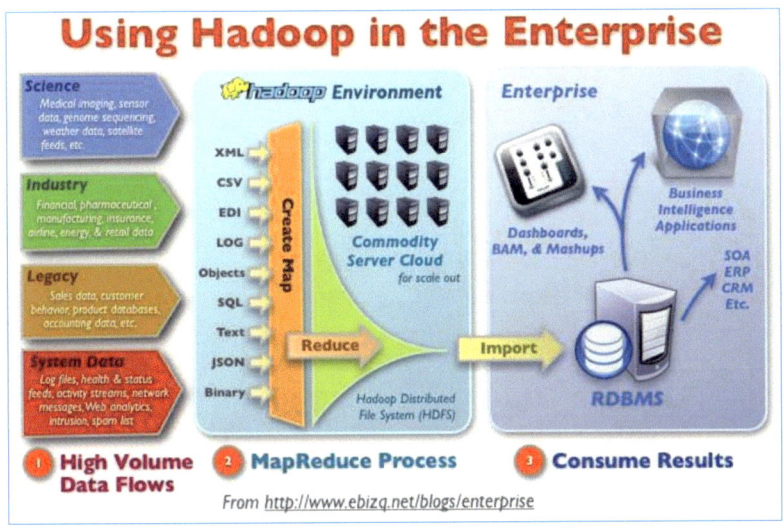

Abbildung 3: Beispielhafte Verwendung von Hadoop (http://bit.ly/ONU874)

4 Einsatzbereiche

Aktuell wird Hadoop für eine Vielzahl verschiedenster Anwendungen verwendet und die Zahl wird auch in Zukunft deutliche steigen, da immer mehr Daten und Informationen zukünftig gespeichert und wieder verwendet werden müssen. So ist eine logische Konsequenz, dass immer Firmen Hadoop zum Einsatz bringen. Eine aktuelle Liste mit aktuellen Projekten, bei denen Hadoop oder eine auf Hadoop basierende Software zum Einsatz kommt, findet sich auf der Projektseite unter http://wiki.apache.org/hadoop/PoweredBy.

4.1 Suchmaschinen

4.1.1 Yahoo

Der Pionier in Sachen Hadoop betreibt derzeit mehr als 40.000 Rechner mit mehr als 100.000 CPUs in Hadoop-Umgebungen. Den größten Cluster bildet hierbei eine Umgebung bei der 4.500 Rechner mit jeweils zwei Vierkernprozessoren, 16 GB Arbeitsspeicher und vier 1 TB-Festplatten arbeiten. Dieser Cluster unterstützt derzeit die Websuche von Yahoo, sowie das Werbesystem und dessen Anzeigen, die dem Nutzer angezeigt werden, entsprechend des Surfverhaltens des Anwenders. Weiterhin wird dieser Cluster verwendet um Skalierungstests für die weitere Entwicklung von Hadoop durchzuführen. Yahoo beschäftigt eine Vielzahl an Mitarbeiter, die die Weiterentwicklung der eigenen Hadoop-Software vorantreiben und die Arbeit der Apache Foundation bei der Entwicklung von Hadoop unterstützen. Ungefähr 60% dieser Mitarbeiter beschäftigen sich mit dem Projekt Pig, das sich durch seine Einfachheit in der Verwendung, der eigenständigen Optimierung, sowie der leichten Erweiterbarkeit auszeichnet. [11]

4.1.2 Google

Google selber verwendet Hadoop logischerweise nicht im eigentlichen Sinne, weil man mit den ursprünglichen Technologien Google File System und MapReduce beide Grundbausteine im

eigenen Hause entwickelt hat. Die verwendete Technik ist aber der von Hadoop sehr nahe, unterliegt aber im Gegensatz zu Hadoop nicht dem OpenSource-Gedanken und wird nur intern entwickelt und steht der Öffentlichkeit nicht zur Verfügung. Google verwendet GFS und MapReduce um seinen enormen Index von Internetseiten zu speichern und zu durchsuchen, die Daten von Google AdSense auszuwerten, um so dem Benutzer passende Werbung im Internet anzubieten und zudem noch viele weitere Anwendungsfälle, bei denen große Datenmenge eine wichtige Rolle spielen. [11]

Neben der kommerziellen Verwendung engagiert sich Google zusammen IBM für die Weiterentwicklung von Hadoop, indem die beiden IT-Riesen Studenten und Universitäten mit Zugängen und Technologien ausstatten, damit diese sich für die kommenden Anforderungen für die Entwicklung moderner Anwendungsentwicklung und mit dem notwendigen Knowhow rüsten können. [12]

4.2   Big Data

4.2.1   Facebook

Facebook nutzt das Hadoop-Framework derzeit als Speicherort, ein sogenanntes Data-Warehouse, für Web-Analysen, also um das Verhalten und die Daten der Nutzer zu analysieren und so Prozesse zur verändern und zu verbessern, ebenso als Speicherort für die verteilte Datenbank, sowie als Speicherort für die SQL-Backups. Im Jahre 2010 umfasste der Hadoop-Cluster von Facebook ein Datenvolumen von 20 Petabyte. Ein Jahr später waren dies bereits 30 Petabyte, die Facebook in seinen Rechenzentren per Hadoop gespeichert hat. [5]

4.2.2   eBay

Das Internetauktionshaus eBay nutzt Hadoop ebenfalls um die großen Datenmengen zu verarbeiten, die beim weltweiten Marktführer der Branche anfallen. Zu den Artikeldaten und allen dazugehörenden Daten, verwaltet eBay ebenfalls alle Kundenrelevanten Daten mittels Hadoop. In dieser Kombination ist es möglich schnell alle relevanten Daten zu erfassen und wenn notwendig auszugeben. So errechnet eBay in kürzester Zeit anhand des Kaufverhaltens eines Käufers, was ihn ebenfalls noch interessieren könnte.

Derzeit betreibt eBay über 2500 Rechnerknoten in seinem Hadoop-System und teilte zuletzt mit, dass der gesamte Betrieb von eBay von Hadoop abhängig sei. [11] [5]

4.3   Cloud-Dienste

4.3.1   Amazon

Amazon verwendete für sein Hauptgeschäftsfeld, den Versandhandel, ein eigenes System zur Verwaltung der anfallenden Daten.

Jedoch bietet man mit dem Amazon-Dienst „Elastic MapReduce" einen Dienst in der Cloud an, bei der die Möglichkeit besteht, die vorhandenen Ressourcen der Amazon Infrastruktur zu mieten. In Kombination mit Amazons „Simple Storage Service" benötigt man also nicht zwingen die Infrastruktur, um die Vorteile von Hadoop nutzen zu können. [5] [11]

4.3.2   IBM

IBM hat seine eigene Software „InfoSphere BigInsights", die zur Auswertung von BigData verwendet wird, um Funktionen von Hadoop erweitert, um diese noch effizienter zu gestalten.

Weiterhin bietet IBM, ähnlich wie Amazon, einen Cloud-Dienst an, bei dem es möglich ist, Hadoop-Kapazitäten zu mieten, statt in teure eigene Infrastruktur zu investieren. [5] [11]

4.4   Hadoop und Microsoft

Microsoft hat mit der Übernahme des Startup-Unternehmens Powerset auch Technologien übernommen, die den Einsatz von Hadoop vorsahen. Die grundsätzliche Einstellung des Unternehmens aus Redmond sah jedoch den Einsatz von OpenSource-Software für Kundenlösung nicht vor und so entschied man sich, statt Hadoop eine eigene Lösung zu entwickeln und diese für zukünftige Projekte zu verwenden. Jedoch stellte man bereits nach kurzer Zeit fest, dass die Entwicklungskosten für die proprietäre Lösung unverhältnismäßig steigen würden und besann sich doch darauf, die vorliegende Lösung zu verwenden und diese in Microsoft-Projekten einzusetzen.

Microsoft plant in Zukunft den Einsatz von Hadoop in der Cloud-Plattform Azure und darüber hinaus für den Windows Server. Aktuell kooperiert man mit dem Hadoop-Spezialisten Hortonworks und portiert Hadoop auf die Windows Server Plattform.

Azure bietet eine Cloud-Entwicklerplattform und soll im Zusammenspiel mit Hadoop Möglichkeit eröffnen, Operationen mit großen Datenmengen auch für Windows-Entwickler und Anwender von Microsoft zur Produkten zur ermöglichen. Dies ist besonders interessant für Firmen, deren IT-Landschaft auf Technologien von Microsoft beruht und die dennoch den Vorteil von Hadoop nutzen möchten, um ihre Data Warehouses zu betreiben.

Darüber hinaus wird es Hadoop-Konnektoren für Microsofts SQL-Datenbank und das Data Warehouse geben. Somit wird die Möglichkeit bereitgestellt, die vorhandenen SQL-Datenbanken ohne weitere technische Umsetzung von Hadoop-Funktionen, direkt an diese angebunden werden können. [5] [11] [13]

5   Zusammenfassung

Hadoop und die daraus stammenden Projekte werden zukünftig eine wichtige Rolle für die gesamte IT-Welt spielen. Anhaltend wachsende Datenmengen, aus denen zusätzlich immer mehr Daten entnommen werden können und entsprechend ausgewertet werden, sorgen dafür, dass eine schnelle und kostensparende Lösung zur Bereitstellung dieser Daten notwendig ist.

Meines Erachtens ist diese Entwicklung bezeichnend dafür, dass nicht nur kostenpflichtige, sondern vor allem die Programme, an deren Entwicklung jeder partizipieren kann, für große Fortschritte sorgen können. Durch die Unterstützung seitens Yahoo hat sich schnell ein Projekt etabliert, das auf reges Interesse gestoßen ist und heute die Grundlage für viele uns heute alltägliche Internetseiten und Dienstleistungen von Firmen bietet. Neben den genannten Beispielen darf nicht vergessen werden, dass Hadoop auch in Bereichen eingesetzt werden kann, die nicht jeden Tag im Fokus des Interesses stehen und gerade in der Wirtschaft einen überaus wichtigen Faktor bei der Verarbeitung von Daten einnimmt.

Die Entwicklung wird dahin gehen, dass man Hadoop oder eine auf Hadoop basierende Weiterentwicklung, für weitaus mehr und für uns heute nicht vorstellbare Szenarien verwenden kann.

I. Quellen

[1] „Data Mining," Wikipedia, [Online]. Available: http://de.wikipedia.org/wiki/Data-Mining. [Zugriff am 21 August 2012].

[2] „Big Data," Wikipedia, [Online]. Available: http://de.wikipedia.org/wiki/Big_Data. [Zugriff am 21 August 2012].

[3] „Google File System (GFS)," [Online]. Available: http://de.wikipedia.org/wiki/Google_File_System.

[4] „MapReduce," [Online]. Available: http://de.wikipedia.org/wiki/MapReduce. [Zugriff am 21 August 2012].

[5] M. Bayer, „FAQ Big Data: Hadoop - der kleine Elefant für die großen Daten," computerwelt.at, 24 Juni 2012. [Online]. Available: http://www.computerwelt.at/news/enterprise/professional-software/detail/artikel/faq-big-data-hadoop-der-kleine-elefant-fuer-die-grossen-daten/. [Zugriff am 31 August 2012].

[6] C. Metz, „How Yahoo Spawned Hadoop, the Future of Big Data," 18 Oktober 2011. [Online]. Available: http://www.wired.com/wiredenterprise/2011/10/how-yahoo-spawned-hadoop/all/1. [Zugriff am 21 August 2012].

[7] „MapReduce Explained," blogoscoped.com, [Online]. Available: http://blogoscoped.com/archive/2008-01-24-n20.html. [Zugriff am 30 August 2012].

[8] „Hadoop," [Online]. Available: http://de.wikipedia.org/wiki/Hadoop. [Zugriff am 21 August 2012].

[9] „hadoop.apache.org," Apache Foundation, [Online]. Available: http://hadoop.apache.org/. [Zugriff am 30 August 20212].

[10] „Hadoop," [Online]. Available: http://wikis.gm.fh-koeln.de/wiki_db/Datenbanken/Hadoop. [Zugriff am 21 August 2012].

[11] „PoweredBy Hadoop," Apache Foundation, [Online]. Available: http://wiki.apache.org/hadoop/PoweredBy. [Zugriff am 31 August 2012].

[12] „Google and IBM Announce University Initiative to Address Internet-Scale Computing Challenges," News from Google, 8 Oktober 2007. [Online]. Available: http://googlepress.blogspot.de/2007/10/google-and-ibm-announce-university_08.html. [Zugriff am 31 August 2012].

[13] „Microsoft, Big Data und Hadoop – was steckt dahinter?," Microsoft SQL Server Team Deutschland, 31 Oktober 2011. [Online]. Available: http://blogs.technet.com/b/sqlteamgermany/archive/2011/10/31/microsoft-big-data-und-hadoop-was-steckt-dahinter.aspx. [Zugriff am 31 August 2012].

[14] H. Weis, „Das Enfant Terrible der Analytics," 05 Januar 2012. [Online]. Available: http://business.chip.de/artikel/Hadoop-Ein-Open-Source-Tool-mischt-die-IT-Welt-auf_53608928.html. [Zugriff am 21 August 2012].

[15] J. Spolsky, „Can Your Programming Language Do This?," joelonsoftware.com, 1 August 2006. [Online]. Available: http://www.joelonsoftware.com/items/2006/08/01.html. [Zugriff am 30 August 2012].

[16] J. Stein, „Podcast: "All Things on Hadoop"," 2010. [Online]. Available: http://itunes.apple.com/de/podcast/all-things-hadoop/id370827749.

II.   Abbildungen

Abbildung 1: Schema Google File System 4
Abbildung 2: Prinzip des MapReduce Algorithmus (http://bit.ly/O9iLtG) 5
Abbildung 3: Beispielhafte Verwendung von Hadoop (http://bit.ly/ONU874) 7

III.   Erklärung

Ich versichere, dass ich die Projektarbeit selbständig vorbereitet und bei der Anfertigung der Dokumentation keine anderen als die angegebenen Hilfsmittel benutzt habe. Die Stellen der Arbeit, die im Wortlaut oder im wesentlichen Inhalt anderen Quellen (z.B. Internet) entnommen wurden, habe ich mit genauer Angabe der Quelle gekennzeichnet.

_____

Kiel, den 04.09.2012